THÈSE

POUR LA LICENCE.

THÈSE

POUR LA LICENCE,

EN EXÉCUTION DE L'ARTICLE IV, TITRE II, DE LA LOI DU XXII VENTOSE AN XII,

SOUTENUE

Par M. BROSSARD (Louis),

Né à Terrasson (Dordogne).

TOULOUSE,

IMPRIMERIE DE LAMARQUE ET RIVES,

Rue Tripière, 9.

1860

JUS ROMANUM.

De acquirendo rerum dominio.

DIG., LIB. XLI, T. 1er. — INS. JUSTIN., LIB. II, T. 1er.

In jure romano intelliguntur rerum appellatione, omnia corporalia quæ tanquam homini subjecta vel assignata habentur, et omnia jura quæ in corporalibus illis lex permittit. Primum inter hæc jura est dominium, cujus gratiâ datur plena in re potestas; igitur dominium est jus utendi, fruendi et abutendi, quatenûs juris ratio patitur.

Lege Duodecim Tabularum unus tantùm proprietatis modus valebat, dictus dominium ex jure Quiritium; cujus capax erat civis solus, quodque consequi, perire, ex alio ad alium transferri, nisi in certis præfinitis que casibus non poterat : aut enim ex jure Quiritium unusquisque dominus erat, aut non lege intelligebatur dominus.

Erat in modis dominium acquirendi occupatio, naturalis ratio, spolia, servos ex hostibus captos comparandi, quorum Quirites dominos ex jure Quiritium sese ferrebant.

Modi verò civiles multi, et in primis mancipium, id est solennis quædam alienatio, quæ fiebat tantùm inter cives romanos, quinque testibus præsentibus, per æs et libram, certis denique verbis quæ legem contrahentium componebant.

Per hanc solennem alienationis speciem, paterfamilias eos quos habebat in potestate venum dabat, maritus dominium uxoris acquirebat.

Legis Duodecim Tabularum tempore, mancipii formulas semper traditioni adjungi necesse erat, ut rerum magni momenti dominium, veluti servi et prædia transferretur ; non verò apparet eamdem formulæ vim, vestimentis, vino, fructibus omnibusque aliis quæ usu consumuntur, fuisse impositam.

Tertio civili modo, id est usu, possessione romanum dominium acquirebatur. Quum res a non domino translata, vel naturali ratione fuerat tradita, si fortè nuda traditio non suffecisset, dominus non efficiebatur is qui rem acceperat; sed dominium ex jure Quiritium nanciscebatur per continuationem possessionis, vel usus, rerum mobilium anni, immobilium biennii.

Acquirebatur quoque Romanum dominium in jure cessione; hæc species per imaginariam litem ante magistratum fiebat. Is cui res in jure cedebatur, quasi suam fictè vindicabat, et, eo qui cedebat tacente, magistratus, tanquam si judicavisset, ei qui vindicaverat rem addicebat.

Adjudicatio a judice prolata modus erat civilis quo dominium cives nanciscebantur. Fiebat per formulam familiæ erciscundæ inter coheredes ; per formulam communi dividundo inter socios, et per formulam finium Regundorum inter vicinos. Si judex uni ex heredibus aut sociis, aut vicinis rem adjudicabat, statim illi ex jure Quiritium acquirebatur.

Extra illos autem præfinitos casus, neque ex contrahentium consensu, neque ex traditione ipsâ nulla domini jura quæcumque exsistebant ; aut enim ex jure Quiritium unusquisque dominus erat, aut non intelligebatur dominus.

De rerum conditione in Gaii et Ulpiani temporibus.

Gaius rerum divisionem ita deducit : Aliæ sunt divini juris, aliæ humani. Solum quoque Italicum a provinciali dijudicat. Italica prædia unius cujusque civis acquirentis sunt in dominio ; provinciale verò solum est in dominio populi romani vel Cæsaris ; et enim ex provinciis , aliæ populi romani, prædia ve stipendaria ; aliæ Cæsaris tributoria ve prædia dicuntur. Hujus soli cives quibus tenetur possessionem tantùm et usumfructum , dummodò annum vectigal solvant, habere videntur.

Præterea, ut docet Gaius, quædam res corporales sunt, quædam incorporales ; denique res sunt mancipi, aut nec mancipi. Mancipi res sunt, ait Ulpianus : 1º prædia omnia in Italico solo, tam rustica, qualis est fundus, quam urbana, qualis domus ; 2º item jura prædiorum rusticorum, velut via, iter, actus, aquæductus ; 3º item servi et quadrupedes quæ dorso collo ve domantur, velut boves, muli, equi, asini. Ceteræ res nec mancipi sunt. Elephantes et cameli, quamvis collo dorso ve domantur nec mancipi sunt, quoniam ferarum bestiarum numero sunt.

Addit Gaius omnia ferè incorporalia nec mancipi esse, exceptis servitutibus prædiorum rusticorum.

Præterea non solum servus, sed etiam homo liber, filiusfamilias, mulier in manu mariti, rerum mancipi numero esse putabantur, quoniam in potestatem alienam mancipatione venire poterant.

Multùm autem differebant mancipi res a nec mancipi. Rerum mancipi dominium nudà traditione ad alium transferebatur, sed mancipatione, vel alio civili modo, opus erat. Res contrà nec mancipi nudà traditione, dùm corporales essent, abalienabantur.

Gaii et Ulpiani temporibus, novam proprietatis speciem jus Gentium introduxit, emendandi, mitigandi que Romani dominii juris gratiâ, quod ita accepit divisionem, ut alius posset dominus ex jure Quiritium esse rei, quam alius in bonis habebat.

Romanum dominium fit in re, quum ex juris civilis acquisita fuit regulis; sed in bonis tantùm habet is qui rem modis non dominium jure constituentibus comparavit.

Res in bonis tantùm efficitur traditione naturali translatâ ad mancipi quorum non acquiritur dominium ex jure Quiritium, nisi mancipatione, vel alio civili modo; dùm contrà rerùm nec mancipi dominium nudà traditione, vel aliâ legitimâ ratione consequitur.

Romanum dominium et in bonis possessio eadem jura non dabant. Quum aliquis simul in dominio ex jure Quiritium et imo in bonis rem habebat, eam summâ potestate tenebat : quâ uti, frui, arbitrio suo abuti, eamque ubiumque esset vindicare poterat. Quum verò naturalis proprietas a domino discedebat, tunc jura deducebantur; utendi et fruendi potestas ad eum cujus in bonis res erat transibat ; jus autem abutendi et vindicandi in Romano dominio residebat.

Modi naturales quibus acquiritur dominium sunt : occupatio et rerum per accessionem conjunctio; civiles verò : mancipatio, usucapio, in jure cessio, adjudicatio et lex.

Dissimilitudines quæ inter res mancipi et nec mancipi, inter Italicum et provinciale solum olim intererant, abolivit omninò Justinianus. Ex institutionibus, res vel in nostro patrimonio, vel extrà patrimonium nostrum habentur.

Stant extrà patrimonium nostrum : Communia, publica, res universitatis, denique ea quæ sunt nullius. Sunt autem in nostro patrimonio, res privatæ, res singulorum.

Præterea ex institutionibus quædam res corporales sunt, quædam incorporales, id est, aliæ tangi possunt, aliæ non tangi. In ultimâ specie continentur omnia quæ in jure consistunt, sicut hereditas, obligationes, servitutes. Sub Justiniano rerum singulorum acquiritur dominium jure Gentium et jure Civili.

Modi sunt juris gentium :

1° Occupatio; dominus fit occupatione aliquis simul atque rem nullius ceperit, necesse est : 1° ut res ad hominis patrimonium naturali ratione apta nullius sit, veluti feræ bestiæ, omnia mari littoribus qæe generata, rem que dominus eâ mente abjecerit ut suam esse noluerit; 2° pro jure possideat qui occupat, id est, rem eâ mente capiat ut suam faciat;

2° Accessio, quâ aliquid additum toti cedit, est res acquirendi naturalis ratio, veluti columbas, apes in columbario alveove sese congregantes, alluviones, insulas in fluminibus natas, alveum que flumine derelictum;

3° Procreatio quæ fit mutatione et confusione rerum;

4° Siquis domum in suo loco ex materiâ alienâ, aut ex diversò, si in alieno solo suâ materiâ ædificavit;

5° Ratio quâ scriptura chartis membranis-ve in accessionem cedans, et pictura cui tabula cedit, inter se differunt;

6° Fructuum perceptio quum de bonæ fidei possessore agitur ;

7° Thesauri inventio ;

8° Denique traditio cujus gratiâ possessio transfertur. De eo modo regulæ sunt servandæ istæ : dùm res quâcumque ratione præ manu emptori posita fuerit, et, domino rem suam in alium transferri volente, data recepta que fuerit, tunc traditur ex jure possessio cum voluntate domini cui alienare licet.

Interdum etiam nuda contrahentium voluntas ad transferrendum dominium sufficit; veluti : 1º si res ipsa in potestate emptoris fuerit; 2º si rem quam alicui dominus commodavit, ususfructus causâ dedit, apud eum deposuit, vendiderit illi aut donaverit; 3º si jampridem emptor ex jure possederit; quibus in casibus possessio ex jure jam exstabat aut ad eam transferrendam nuda voluntas suffecit.

Nunc videamus de modis ad res privatas jure civili acquirendas, inter quæs usucapio et præscriptio.

Usucapio est adjectio dominii per continuationem possessionis tempore lege definiti; præscriptio autem liberationis quædam species, permissa que ad repellendam domini actionem exceptio. Quas commiscens aliam ab alia emendat Justinianus; constitutione cautum est ut in omni terrâ res quidem mobiles per triennium, immobiles verò inter præsentes decennio, inter absentes viginti annis usucapiantur. In illà quæstione usus pro possessione habetur.

Attamen non possunt usucapi : liberi homines, res extra commercium, id est sacræ vel religiosæ, fugitivi servi. Furtivæ res, ex duodecim Tabularum et Atinia legibus, immobilia verò vi possessa, ex lege Julia et Plautia, denique res fisci, exceptis bonis vacantibus fisco nondum nunciatis.

Ut alicui competat usucapio, necesse est : 1º eum jure civili possidere; 2º ex justâ causâ, justore titulo possidere; justâ causâ utitur qui pro emptore, pro donato, pro dote, pro soluto, pro derelicto, pro legato et pro suo possidet; 3º bonæ fidei esse; 4º tempus lege definitum habere.

Præterea erant aliæ quædam præscriptiones, ex quibus una longissimi temporis dicitur, et fit triginta annis quum possessori justa causa deficit ; quadraginta verò in bonis ecclesiasticis ; denique propria quædam in fiscalibus alienationibus præscriptio constituta fuerat.

POSITIONES.

1° Potest ne usucapere emptor, quum bonâ fide, sed non ex justâ causâ possidet?

2° An posset dominus ex jure Quiritium rem alienare aut vindicare, invito eo qui rem in bonis habebat?

3° Poterat ne possessor in bonis, post aliquod definitum tempus, rei dominium ex jure Quiritium usucapere?

CODE NAPOLÉON.

De la forme des donations entre vifs et des testaments.

(931 à 942. — 967 à 1001).

La donation entre vifs est un acte par lequel l'homme se dépouille actuellement et irrévocablement, sauf les cas exceptés par la loi, de la chose donnée, en faveur du donataire qui l'accepte.

Cet acte par son importance devait être soumis à un certain nombre de formalités solennelles de nature à retarder la précipitation du donateur et à provoquer ses réflexions sérieuses. Ces formalités qui assurent aux donations une stabilité irrévocable et les mettent à l'abri des fraudes praticables avec les actes sous seing-privé, nous allons les exposer.

La donation entre vifs doit être reçue en minute par deux notaires conjointement, ou par un notaire en présence de deux témoins. La présence du notaire en second ou des deux témoins n'est nécessaire qu'au moment de la lecture de l'acte par le notaire et de la signature par les parties ; elle doit être mentionnée à peine de nullité, art. 2 de la loi du 21 juin 1843.

La donation ne peut produire d'effet et n'est parfaite que du jour où elle a été acceptée en termes exprès. Si l'acceptation a lieu par acte postérieur, elle sera conçue de la même manière que la donation, et n'aura d'effet que par la notification au donateur.

L'acceptation peut être faite par le fondé de procuration du donataire majeur. La femme mariée ne peut accepter qu'avec le consentement du mari, ou par autorisation de justice. Pour les mineurs et interdits, l'acceptation doit être faite par les tuteurs. Le mineur émancipé peut accepter avec l'assistance de son curateur. Néanmoins, les père et mère du mineur émancipé ou non, ou les autres ascendants, même du vivant des père et mère, quoiqu'ils ne soient ni tuteurs ni curateurs du mineur, peuvent accepter pour lui.

Le sourd-muet qui sait écrire peut accepter lui-même ou par fondé de pouvoir; s'il ne sait pas écrire, l'acceptation sera faite par son curateur.

Les donations faites au profit d'hospices, des pauvres d'une commune ou d'établissements d'utilité publique, seront acceptées par les administrateurs de ces communes ou établissements, après y avoir été dûment autorisés.

Le donateur n'est lié que par l'acceptation régulière du donataire, faite du vivant du donateur.

Lorsque les biens compris dans la donation sont susceptibles d'hypothèques, la transcription des actes de donation, d'acceptation ou notification, doit être faite au bureau des hypothèques de l'arrondissement de la situation des biens. La transcription sera faite à la diligence des personnes chargées de l'acceptation.

Le défaut de transcription pourra être opposé par toutes personnes ayant intérêt, à l'exception de celles chargées de remplir cette formalité, leurs ayant-cause et le donateur.

Les mineurs, les interdits, les femmes mariées ne seront point restitués contre le défaut d'acceptation ou de transcription des donations, sauf leur recours contre leurs tuteurs ou maris, et sans que la restitution puisse avoir lieu dans le cas même d'insolvabilité.

Par cette obligation de publicité des donations, il s'ensuit que la transcription chargée d'assurer cet effet est une formalité obligatoire pour le donataire, s'il veut que la donation produise tous ses résultats contre les tiers, dans l'intérêt desquels est requise la publicité.

A défaut de transcription, la donation restera parfaite entre le donateur et le donataire; mais à l'égard des tiers, ce ne sera qu'un pacte nu, incapable d'effet.

Règles générales sur la forme des testaments.

Le testament est un acte par lequel le testateur dispose, pour le temps où il n'existera plus, de tout ou partie de ses biens et qu'il peut révoquer.

Un testament ne peut contenir les dispositions réciproques et mutuelles de deux ou plusieurs personnes, même au profit d'un tiers.

Le testament peut être olographe, fait par acte public ou dans la forme mystique.

Le Code ne reconnaissant que ces trois sortes de testaments, il s'ensuit que tout testament doit être rédigé par écrit; en sorte que l'écriture n'est pas seulement requise pour la preuve du testament, mais elle tient encore à la forme et à la solennité, et aucune preuve ne pourrait la suppléer quelque modique que fût la somme léguée.

Le testament olographe doit être écrit en entier, daté et signé de la main du testateur.

Le testament par acte public est celui qui est reçu par deux notaires, en présence de deux témoins, ou par un notaire, en présence de quatre témoins signataires; néanmoins, dans les campagnes, il suffit de la signature d'un ou deux témoins, selon qu'il y a un ou deux notaires.

Il faut encore que le testament soit dicté par le testateur, qu'il soit écrit par le notaire, qu'il en soit fait lecture au testateur, que les témoins et le notaire en second soient présents à cette lecture, qu'il soit signé par le testateur, ou qu'il déclare qu'il ne sait ou ne peut signer, avec mention expresse de toutes ces formalités.

Les légataires ni leurs parents ou alliés jusqu'au quatrième degré inclusivement, ni les clercs des notaires instrumentaires, ne peuvent être témoins du testament.

Les formalités prescrites pour la validité du testament mystique peuvent se diviser ainsi :

1° Ecriture intérieure ;

2o Clôture et scel ;

3° Présentation aux témoins et au notaire avec déclaration ;

4o Acte de suscription ;

5° Unité de temps et de lieu.

Si le testateur ne veut ou ne peut écrire lui-même ses dispositions, il peut les faire écrire par une tierce personne et les signer. La signature n'est pas obligatoire, et si le testament n'est pas signé, la présence d'un témoin de plus est nécessaire.

Si l'acte de suscription n'est pas signé du testateur, il sera fait mention de la cause de cet empêchement.

Ceux qui ne savent ou ne peuvent lire ne peuvent faire de testament mystique.

Celui qui ne peut parler, mais qui peut écrire, peut faire un testament mystique, à la charge de l'écrire, dater et signer de sa main, et qu'en le présentant au notaire et aux témoins, il écrive au haut de l'acte de suscription et en leur présence, que le papier qu'il présente est son testament ; après quoi le notaire dressera l'acte de suscription, dans lequel il fera mention que le testateur a écrit *ces mots* en sa présence et celle des témoins.

Des règles particulières sur la forme de certains testaments.

Les testaments des militaires et des individus employés dans les armées, en quelque pays que ce soit, lorsqu'ils seront en expédition militaire, en quartier ou en garnison hors le territoire français, ou prisonniers chez l'ennemi ; et à l'intérieur, les testaments de ceux qui se trouvent dans une place assiégée, citadelle ou autres lieux dont les portes sont fermées et les communications interrompues, pourront être reçus par un chef de bataillon ou d'escadron, ou tout autre officier d'un grade supérieur, en présence de deux témoins, par deux commissaires des guerres, ou un commissaire et deux témoins.

Si le testateur est malade ou blessé, le testament pourra être reçu par l'officier de santé en chef, en présence du commandant militaire chargé de la police de l'hospice.

Le testament dans la forme ci-dessus sera nul six mois après que le testateur sera revenu dans un lieu où il aura la liberté d'employer les formes ordinaires.

Dans un lieu avec lequel toute communication est interceptée à cause de la peste ou autre maladie contagieuse, tant à l'égard de ceux qui seront attaqués de ces maladies, que de ceux qui se trouveront dans les lieux infectés, les testaments seront reçus par le juge de paix, ou un officier municipal de la commune, en présence de deux témoins. Six mois après que les communications seront rétablies, ou que le testateur aura passé dans un lieu où elles ne seront point interrompues, le testament deviendra nul.

Les testaments faits dans le cours d'un voyage sur mer par les hommes d'équipage ou passagers, seront reçus, savoir :

A bord des bâtiments de l'Etat, par l'officier commandant ; à son défaut, par celui qui le supplée, l'un ou l'autre conjointement avec l'officier d'administration ou celui qui en remplit les fonctions.

A bord des bâtiments de commerce, par l'écrivain du navire ou celui qui en fait les fonctions, l'un ou l'autre conjointement avec le capitaine, le maître ou le patron, ou, à leur défaut, par ceux qui les remplacent, en présence de deux témoins.

Les capitaines et autres officiers des bâtiments de l'Etat et de commerce chargés de recevoir les testaments des hommes de l'équipage ou passagers, pourront à leur tour faire recevoir leur testament par ceux qui viennent après eux dans l'ordre de service, en se conformant au surplus aux dispositions ci-dessus.

Ces testaments seront faits en double original, pour être adressés, en temps et lieu, au ministre de la marine et au greffe de la justice de paix du domicile du testateur, avec mention de ces formalités sur le rôle de l'équipage.

Si le testateur ne meurt pas en mer, trois mois après être descendu à terre et dans un lieu où il aura pu faire ses dispositions dans les formes ordinaires, le testament deviendra nul.

Les testaments seront signés par le testateur et par ceux qui les auront reçus. Si le testateur ne sait ou ne peut signer, il sera fait mention de sa déclaration.

Si le testament est fait en présence de deux témoins, le testament sera signé par l'un d'eux au moins, et il sera fait mention de la cause de l'empêchement de l'autre.

Le testateur, non parent des officiers de bord, ne peut faire aucune disposition en leur faveur.

Un Français qui se trouve en pays étranger peut faire son testament olographe, ou par acte public, dans la forme usitée dans le lieu où cet acte est passé. Ces testaments ne seront exécutés en France qu'après l'enregistrement au bureau du domicile du testateur et de la situation des immeubles.

Les testaments peuvent être considérés comme de droit public. Les formalités que nous venons d'énumérer sont solennelles, importantes ;

c'est pour en assurer l'entière exécution que l'art. 1001 C. C. en prescrit l'observation à peine de nullité.

QUESTIONS.

1º Le père tuteur et donateur, est-il garant de la nullité de la donation lorsqu'il n'a pas veillé à l'acceptation ou à la transcription ?

2º La mère (ou l'aïeule) pour accepter la donation faite à son fils (ou petit-fils) mineur, a-t-elle besoin d'être autorisée par son mari ?

3º Les ascendants d'un interdit ont-ils le même droit que les ascendants d'un mineur ?

4º Le testament mystique, nul sous cette forme, est-il valable comme olographe, lorsqu'il remplit d'ailleurs les conditions attachées à ces sortes d'actes ?

5º En cas de dénégation de l'écriture ou signature du testament par l'héritier *ab intestat*, la charge de la vérification incombe-t-elle au légataire ou à l'héritier ?

PROCÉDURE CIVILE.

Des jugements par défaut et oppositions, à l'exception des articles 163 et 164.

On appelle jugements, les décisions qui émanent des tribunaux de Première Instance, de Commerce et des Juges de Paix.

On nomme jugement par défaut celui qui est rendu sur la comparution et l'audition d'une partie seulement, l'autre étant en défaut de se présenter et de plaider les moyens.

Lorsque le jugement est rendu sur le défaut du demandeur, on l'appelle congé-défaut, parce que le défendeur est renvoyé, congédié de la demande. Si le jugement est rendu sur le défaut du défendeur, il est appelé simplement défaut.

Il y a cette différence entre le simple défaut et le congé-défaut, que le juge, lorsque le défendeur ne comparaît pas, est obligé de vérifier les conclusions du demandeur, et ne peut les adjuger qu'autant qu'il les trouve justes, tandis que dans le cas du congé, il est tenu, sans examen, de renvoyer le défendeur hors d'assignation.

Il existe trois espèces de jugements par défaut:

1° Le jugement par défaut faute de comparaître, lorsque le défendeur n'a pas constitué avoué;

3

2º Le jugement par défaut contre avoué, lorsque ce dernier ne se présente pas pour conclure ;

5º Le jugement défaut-profit-joint, lorsqu'il y a plusieurs défendeurs, les uns comparants, les autres défaillants ; le jugement qui intervient contre ces derniers porte ce nom, parce que le profit est joint au fond pour être statué plus tard avec les comparants par un seul et même jugement.

Le jugement par défaut contre une partie qui n'a pas constitué avoué, doit être signifié par huissier commis, et exécuté dans les six mois de son obtention sous peine d'être réputé non avenu. Si le jugement est rendu contre une partie ayant avoué, l'opposition ne sera recevable que pendant huitaine, à compter du jour de la signification à avoué.

Les jugements par défaut ne peuvent être ramenés à exécution avant l'échéance de la huitaine de la signification à avoué et de la signification à personne ou domicile, s'il n'y a pas eu constitution d'avoué, à moins qu'en cas d'urgence l'exécution n'en ait été ordonnée avant l'expiration de ce délai, dans les cas prévus par l'article 135.

Lorsque le jugement est rendu contre une partie ayant avoué, l'opposition n'est recevable qu'autant qu'elle est formée par requête d'avoué à avoué.

Lorsque le jugement est rendu contre une partie qui n'a pas d'avoué, l'opposition est recevable jusqu'à l'exécution du jugement, par acte extra-judiciaire, ou par déclaration sur les commandements, procès-verbaux de saisie, d'emprisonnement ou tout autre acte d'exécution, à la charge par l'opposant de la réitérer dans la huitaine, par requête, avec constitution d'avoué ; après ce délai elle ne sera plus recevable et l'exécution sera continuée sans qu'il soit besoin de le faire ordonner.

Le jugement est réputé exécuté, lorsque les meubles saisis ont été vendus, ou que le condamné a été emprisonné ou recommandé, ou que la saisie d'un ou plusieurs de ses immeubles lui a été notifiée, ou que les frais ont été payés, ou enfin lorsqu'il y a quelque acte duquel il résulte nécessairement que l'exécution du jugement a été connue de la partie défaillante.

Le dernier paragraphe de l'article 159 exige positivement la connaissance de l'exécution ; par conséquent, les actes qui précèdent cette exécution en portant le jugement à la connaissance du condamné, sont insuffisants pour faire réputer le jugement exécuté.

Le procès-verbal de carence dûment notifié constitue une exécution suffisante à l'effet d'empêcher la péremption.

Lorsque le jugement ordonne une instruction ou autorise une mesure, il est à l'abri de la péremption par l'instruction faite ou la mesure prise.

Enfin, il est enseigné que le jugement est à l'abri de la péremption, non-seulement quand il a été exécuté dans les six mois de son obtention par les voies et moyens ci-dessus, mais encore toutes les fois que le créancier a fait, dans les six mois, tout ce qu'il était moralement possible de faire pour l'exécuter, d'après la nature du jugement ou la position du débiteur.

Le délai fixé par l'article 156 entraînant la péremption du jugement faute d'exécution dans les six mois de son obtention est justifié par les paroles suivantes du tribun Treilhard.

« Les jugements par défaut, quand il n'y a pas d'avoué constitué,
» devront toujours être exécutés dans les six mois, sinon ils seront
» réputés non avenus. Pourquoi s'empresse-t-on d'obtenir un juge-
» ment, si l'on ne veut pas s'en servir ? L'opposition de la part du
» défaillant sera recevable jusqu'à l'exécution. Pour couper court à
» toute espèce de subtilité, on a dû définir ce qu'on entend par exé-
» cuter un jugement. L'exécution n'est réputée faite qu'après un acte
» notoirement connu de la partie défaillante. Jusque-là, celle-ci peut
» se rendre opposante au jugement : la déclaration qu'elle s'oppose

» suspend toute poursuite ; ainsi disparaîtra pour toujours la possibi-
» lité d'une procédure frauduleuse et clandestine, dont l'effet était
» d'égorger un citoyen qui ne pouvait se défendre ; ainsi sera extirpé
» jusque dans sa racine un mal qui, jusqu'à ce jour, avait résisté à
» tous les ressorts employés pour le détruire. » (Locré; L. 21, p. 538,
n° 38 ; M. Chauveau, *Lois de la Procédure*, tom. 2, p. 101.)

QUESTIONS.

1° En matière de congé-défaut, le demandeur peut-il faire revivre son action par une nouvelle instance, ou bien par l'opposition ?

2° Suffit-il que le jugement par défaut portant condamnation solidaire contre plusieurs défendeurs, ait été exécuté contre l'un d'eux pour qu'il ne puisse être réputé non avenu contre les autres à l'expiration de six mois?

3° Le jugement rendu après la réassignation de la partie défaillante, est-il réputé contradictoire à l'égard des autres qui avaient constitué avoué et qui ne se présentent pas au second jugement?

DROIT CRIMINEL.

Du pourvoi en cassation contre l'arrêt de la Chambre d'Accusation.

(Code d'Instruction Criminelle 296 à 301).

Lorsque la Chambre des Mises en Accusation a prononcé le renvoi devant la Cour d'Assises, l'arrêt doit être signifié à l'accusé. Dans les vingt-quatre heures de cette signification, les pièces doivent être envoyées au greffe de la Cour, et l'accusé dirigé dans la maison de justice où doivent se tenir les assises. Vingt-quatre heures au plus tard après la remise des pièces au greffe et l'arrivée de l'accusé, celui-ci doit être interrogé par le président de la Cour, ou par le juge qu'il aura délégué.

Après le choix fait par l'accusé d'un conseil pour le défendre, ou désigné d'office par le juge, ce dernier avertira l'accusé dans le cas où il se croirait fondé à former une demande en nullité, qu'il doit faire sa déclaration dans les cinq jours suivants, et qu'après l'expiration de ce délai il n'y sera plus recevable. L'accomplissement de ces formalités sera constatée par un procès-verbal, signé de l'accusé, du juge et du greffier; si l'accusé ne sait ou ne veut pas signer, le procès-verbal en fera mention.

Si l'accusé n'a point été averti, conformément à l'art. 296, la nullité ne sera pas couverte par son silence ; mais il ne pourra faire valoir ses droits qu'après l'arrêt définitif.

Le procureur-général est tenu de faire sa déclaration dans le même délai, à compter de l'interrogatoire, sous peine de déchéance.

La demande en nullité ne peut être formée que contre l'arrêt de renvoi et dans les quatre cas suivants : 1° pour cause d'incompétence ; 2° si le fait n'est pas qualifié crime par la loi ; 3° si le ministère public n'a pas été entendu ; 4° si l'arrêt n'a pas été rendu par le nombre de juges fixé par la loi.

La déclaration doit être faite au greffe, et aussitôt après, l'expédition de l'arrêt doit être transmise par le procureur-général à la Cour de Cassation qui est tenue de prononcer toutes affaires cessantes.

Nonobstant la demande en nullité, l'instruction est continuée jusqu'aux débats exclusivement ; mais si la demande n'est faite qu'après l'accomplissement des formalités et l'expiration du délai de cinq jours, il est procédé à l'ouverture des débats et au jugement. Dans ce cas, la demande n'est soumise à la Cour qu'après l'arrêt définitif. Il en est de même de tout pourvoi pour quelque cause que ce soit, formé après l'expiration du délai légal.

En précisant les cas et en fixant les délais du pourvoi suspensif, le législateur n'a pas voulu permettre que, par d'autres motifs et après ces délais, l'accusé pût, à sa volonté et à chaque moment des débats, arrêter le cours de la justice et obtenir à son gré le renvoi d'une session à l'autre.

Cependant il ne faut pas induire des termes limitatifs de l'art. 299 (loi du 10 juin 1853) que tout autre moyen de nullité hors des termes ci-dessus, serait interdit. Tel ne peut être le sens de la loi, puisqu'il n'y aurait alors de recours ni contre les arrêts de non lieu, ni contre les arrêts de renvoi à la police simple et correctionnelle. L'art. 299 ne s'est occupé que de l'arrêt de renvoi et des principales causes de nullité que l'accusé peut faire valoir contre cet arrêt. Il n'a point dérogé aux autres règles légales; d'où il faut conclure que le pourvoi est ouvert contre les arrêts de la Chambre d'Accusation : 1° à raison de la fausse qualification des faits; 2° à raison de la violation des formes prescrites par la loi; 3° à raison de l'incompétence; 4° à raison de la fausse interprétation de la loi; 5° à raison du rejet ou de l'admission des exceptions préjudicielles ou des fins de non recevoir; 6° à raison des refus ou omissions de statuer sur les demandes des parties, ou les réquisitions du ministère public; 7° enfin, à raison des vices de leur réduction, résultant de l'omission des énonciations qu'ils doivent nécessairement contenir.

La véritable difficulté de la matière est de distinguer les formes dont la violation peut fonder un pourvoi, et celles dont l'infraction, quels que soient ses effets, ne peut motiver de recours. La nullité ne peut résulter que de la violation ou de l'omission de formes qui sont essentielles, soit à l'exercice de l'action publique, soit aux droits de la défense. Il y a ouverture à cassation, d'une part, lorsque les mesures d'instruction ordonnées ou annulés forment un obstacle à l'action, et lorsque, d'une autre part, le prévenu n'a pas été interrogé, ou a été illégalement arrêté, lorsque son choix de défense a été méconnu ou violé.

Il est de principe, en matière criminelle, qu'on ne peut proposer un moyen nouveau devant la Cour de Cassation, lorsqu'on a omis de le faire devant les juges du fond. Ainsi, il a été reconnu que lorsqu'un accusé ne s'est pas pourvu, dans le délai de la loi, contre l'arrêt de la Chambre d'Accusation qui le renvoie devant la Cour d'Assises, il ne peut ultérieurement se faire un moyen de cassation d'une nullité de procédure dont l'appréciation appartenait à la Chambre d'Accusation. Il a été reconnu encore que l'accusé qui ne s'est pas pourvu contre l'arrêt de renvoi, ne peut, après sa condamnation par la Cour d'Assises, faire valoir les nullités dont serait entaché cet arrêt. C'est la conséquence de l'art. 296 qui fixe les délais du pourvoi; les délais expirés, l'accusé est déchu de toute voie de recours contre la décision que son silence a revêtue de la force de la chose jugée.

QUESTIONS.

1° Le délai de cinq jours accordé à l'accusé pour former sa demande en nullité contre l'arrêt de renvoi est-il franc ?

2° L'accusé peut-il se pourvoir en cassation avant qu'il ait été transféré à la maison de justice de la Cour d'Assises, subi l'interrogatoire et reçu l'avertissement en vertu de l'art. 296 ?

Vu par le président de la thèse,

DELPECH

———

Cette thèse sera soutenue dans une des salles de la Faculté, le 29 novembre 1860.

TOULOUSE, IMPRIMERIE DE LAMARQUE ET RIVES, RUE TRIPIÈRE, 9.

LOIS